TRANZLATY

Language is for everyone

Мова для всіх

Beauty and the Beast

Красуня і чудовисько

Gabrielle-Suzanne Barbot de Villeneuve

English / Українська

Copyright © 2025 Tranzlaty
All rights reserved
Published by Tranzlaty
ISBN: 978-1-83566-994-5
Original text by Gabrielle-Suzanne Barbot de Villeneuve
La Belle et la Bête
First published in French in 1740
Taken from The Blue Fairy Book (Andrew Lang)
Illustration by Walter Crane
www.tranzlaty.com

There was once a rich merchant
Був колись один багатий купець
this rich merchant had six children
у цього багатого купця було шестеро дітей
he had three sons and three daughters
у нього було три сини і три дочки
he spared no cost for their education
він не шкодував коштів для їхньої освіти
because he was a man of sense
бо він був розумною людиною
but he gave his children many servants
але він дав своїм дітям багато слуг
his daughters were extremely pretty
його дочки були надзвичайно гарні
and his youngest daughter was especially pretty
а його молодша дочка була особливо гарна
as a child her Beauty was already admired
у дитинстві її красою вже захоплювалися
and the people called her by her Beauty
і люди прозвали її за її красу
her Beauty did not fade as she got older
її краса не зникала, коли вона старіла
so the people kept calling her by her Beauty
тому люди продовжували називати її за її красу
this made her sisters very jealous
це дуже заздрило її сестрам
the two eldest daughters had a great deal of pride
дві старші доньки мали велику гордість
their wealth was the source of their pride
їхнє багатство було джерелом їхньої гордості
and they didn't hide their pride either
та й гордості не приховували
they did not visit other merchants' daughters
до інших купецьких дочок не ходили
because they only meet with aristocracy
тому що вони зустрічаються лише з аристократією

they went out every day to parties
вони щодня ходили на вечірки
balls, plays, concerts, and so forth
бали, вистави, концерти тощо
and they laughed at their youngest sister
і вони сміялися над своєю молодшою сестрою
because she spent most of her time reading
тому що більшу частину часу вона проводила за читанням
it was well known that they were wealthy
було добре відомо, що вони заможні
so several eminent merchants asked for their hand
тож кілька відомих купців попросили їхньої руки
but they said they were not going to marry
але сказали, що одружуватися не збираються
but they were prepared to make some exceptions
але вони були готові зробити деякі винятки
"perhaps I could marry a Duke"
«Можливо, я міг би вийти заміж за герцога»
"I guess I could marry an Earl"
«Здається, я могла б вийти заміж за графа»
Beauty very civilly thanked those that proposed to her
Красуня дуже цивілізовано подякувала тим, хто зробив їй пропозицію
she told them she was still too young to marry
вона сказала їм, що ще занадто молода, щоб вийти заміж
she wanted to stay a few more years with her father
вона хотіла залишитися ще кілька років з батьком
All at once the merchant lost his fortune
Раптом купець втратив свій капітал
he lost everything apart from a small country house
він втратив усе, окрім маленької дачі
and he told his children with tears in his eyes:
і він сказав своїм дітям зі сльозами на очах:
"we must go to the countryside"
"ми повинні їхати в село"
"and we must work for our living"

- 2 -

"і ми повинні працювати, щоб заробити на життя"
the two eldest daughters didn't want to leave the town
дві старші дочки не хотіли їхати з міста
they had several lovers in the city
у них було кілька коханців у місті
and they were sure one of their lovers would marry them
і вони були впевнені, що один із їхніх коханців одружиться з ними
they thought their lovers would marry them even with no fortune
вони думали, що їхні коханці одружаться з ними навіть без достатку
but the good ladies were mistaken
але добрі дами помилилися
their lovers abandoned them very quickly
їхні коханці дуже швидко їх покинули
because they had no fortunes any more
бо в них уже не було статків
this showed they were not actually well liked
це показало, що їх насправді не дуже люблять
everybody said they do not deserve to be pitied
всі казали, що вони не заслуговують на жалість
"we are glad to see their pride humbled"
«Ми раді бачити їхню гордість приниженою»
"let them be proud of milking cows"
"нехай пишаються доїнням корів"
but they were concerned for Beauty
але вони були стурбовані красою
she was such a sweet creature
вона була таким милим створінням
she spoke so kindly to poor people
вона так ласкаво розмовляла з бідними людьми
and she was of such an innocent nature
і вона була такого невинного характеру
Several gentlemen would have married her
Кілька панів одружилися б з нею

they would have married her even though she was poor
вони б одружилися з нею, хоча вона була бідна
but she told them she couldn't marry them
але вона сказала їм, що не може вийти за них заміж
because she would not leave her father
тому що вона не залишить свого батька
she was determined to go with him to the countryside
вона вирішила поїхати з ним у сільську місцевість
so that she could comfort and help him
щоб вона могла його втішити і допомогти
Poor Beauty was very grieved at first
Бідна красуня спочатку дуже засмутилася
she was grieved by the loss of her fortune
вона переживала втрату свого стану
"but crying won't change my fortunes"
"але плач не змінить моєї долі"
"I must try to make myself happy without wealth"
«Я повинен спробувати зробити себе щасливим без багатства»
they came to their country house
вони приїхали на свою дачу
and the merchant and his three sons applied themselves to husbandry
і купець із трьома синами зайнявся землеробством
Beauty rose at four in the morning
красуня піднялася о четвертій ранку
and she hurried to clean the house
і вона поспішила прибирати в хаті
and she made sure dinner was ready
і вона подбала про те, щоб вечеря була готова
in the beginning she found her new life very difficult
на початку їй було дуже важко нове життя
because she had not been used to such work
бо вона не звикла до такої роботи
but in less than two months she grew stronger
але менш ніж за два місяці вона зміцніла

and she was healthier than ever before
і вона була здоровішою, ніж будь-коли раніше
after she had done her work she read
після того, як вона зробила свою роботу, вона прочитала
she played on the harpsichord
вона грала на клавесині
or she sung whilst she spun silk
або вона співала, поки пряла шовк
on the contrary, her two sisters did not know how to spend their time
Навпаки, дві її сестри не знали, як проводити час
they got up at ten and did nothing but laze about all day
вони вставали о десятій і цілий день нічого не робили, тільки ледарювали
they lamented the loss of their fine clothes
вони оплакували втрату свого прекрасного одягу
and they complained about losing their acquaintances
і вони скаржилися на втрату своїх знайомих
"Have a look at our youngest sister," they said to each other
«Погляньте на нашу молодшу сестру», — казали вони один одному
"what a poor and stupid creature she is"
"яка ж вона бідна і дурна істота"
"it is mean to be content with so little"
"підло задовольнятися таким малим"
the kind merchant was of quite a different opinion
добрий купець був зовсім іншої думки
he knew very well that Beauty outshone her sisters
він добре знав, що краса перевершує її сестер
she outshone them in character as well as mind
вона перевершила їх як характером, так і розумом
he admired her humility and her hard work
він захоплювався її скромністю та її працьовитістю
but most of all he admired her patience
але найбільше він захоплювався її терпінням
her sisters left her all the work to do

її сестри залишили їй всю роботу
and they insulted her every moment
і вони ображали її щохвилини
The family had lived like this for about a year
Так родина прожила близько року
then the merchant got a letter from an accountant
потім купець отримав листа від бухгалтера
he had an investment in a ship
він інвестував у корабель
and the ship had safely arrived
і корабель благополучно прибув
this news turned the heads of the two eldest daughters
Його новина сколихнула голови двох старших дочок
they immediately had hopes of returning to town
у них одразу з'явилася надія повернутися до міста
because they were quite weary of country life
тому що вони були досить втомлені від сільського життя
they went to their father as he was leaving
вони пішли до батька, коли він йшов
they begged him to buy them new clothes
вони благали його купити їм новий одяг
dresses, ribbons, and all sorts of little things
сукні, стрічки і всякі дрібнички
but Beauty asked for nothing
але краса нічого не просила
because she thought the money wasn't going to be enough
тому що вона думала, що грошей буде недостатньо
there wouldn't be enough to buy everything her sisters wanted
не вистачило б, щоб купити все, що хотіли її сестри
"What would you like, Beauty?" asked her father
— Чого б ти хотіла, красуне? запитав її батько
"thank you, father, for the goodness to think of me," she said
«Дякую тобі, батьку, за те, що ти думаєш про мене», — сказала вона
"father, be so kind as to bring me a rose"

"тату, будь ласкавий принести мені троянду"
"because no roses grow here in the garden"
"тому що тут в саду не ростуть троянди"
"and roses are a kind of rarity"
"а троянди - це якась рідкість"
Beauty didn't really care for roses
Красуня не дуже дбала про троянди
she only asked for something not to condemn her sisters
вона лише про щось просила, щоб не засуджувати своїх сестер
but her sisters thought she asked for roses for other reasons
але її сестри думали, що вона просила троянди з інших причин
"she did it just to look particular"
"вона зробила це, щоб виглядати особливо"
The kind man went on his journey
Добрий чоловік вирушив у дорогу
but when he arrived they argued about the merchandise
але коли він прибув, вони посперечалися про товар
and after a lot of trouble he came back as poor as before
і після великої біди він повернувся таким же бідним, як і раніше
he was within a couple of hours of his own house
він був за пару годин від свого дому
and he already imagined the joy of seeing his children
і він уже уявляв радість від побачення своїх дітей
but when going through forest he got lost
але коли йшов лісом заблукав
it rained and snowed terribly
йшов страшенний дощ і сніг
the wind was so strong it threw him off his horse
вітер був такий сильний, що скинув його з коня
and night was coming quickly
і швидко наступала ніч
he began to think that he might starve
він почав думати, що може померти з голоду

and he thought that he might freeze to death
і він думав, що може замерзнути на смерть
and he thought wolves may eat him
і він думав, що вовки можуть його з'їсти
the wolves that he heard howling all round him
вовки, яких він чув, як виють навколо нього
but all of a sudden he saw a light
але раптом він побачив світло
he saw the light at a distance through the trees
він побачив світло здалеку крізь дерева
when he got closer he saw the light was a palace
коли він підійшов ближче, то побачив, що світло було палацом
the palace was illuminated from top to bottom
палац був освітлений зверху вниз
the merchant thanked God for his luck
дякував купець Богові за удачу
and he hurried to the palace
і він поспішив до палацу
but he was surprised to see no people in the palace
але він був здивований, не побачивши людей у палаці
the court yard was completely empty
двір був зовсім порожній
and there was no sign of life anywhere
і ніде не було жодних ознак життя
his horse followed him into the palace
його кінь пішов за ним у палац
and then his horse found large stable
а потім його кінь знайшов велику стайню
the poor animal was almost famished
бідна тварина майже зголодніла
so his horse went in to find hay and oats
тож його кінь увійшов, щоб знайти сіно й овес
fortunately he found plenty to eat
на щастя, він знайшов багато їжі
and the merchant tied his horse up to the manger

і купець прив'язав коня до ясел
walking towards the house he saw no one
Йдучи до будинку, він нікого не побачив
but in a large hall he found a good fire
але у великій залі він знайшов гарний вогонь
and he found a table set for one
і він знайшов стіл, накритий для одного
he was wet from the rain and snow
він був мокрий від дощу та снігу
so he went near the fire to dry himself
тож він підійшов до вогню, щоб висохнути
"I hope the master of the house will excuse me"
«Сподіваюся, господар будинку мене вибачить»
"I suppose it won't take long for someone to appear"
«Мені здається, що хтось з'явиться недовго»
He waited a considerable time
Він чекав досить довго
he waited until it struck eleven, and still nobody came
він чекав, доки пробило одинадцять, але ніхто не прийшов
at last he was so hungry that he could wait no longer
нарешті він був такий голодний, що не міг більше чекати
he took some chicken and ate it in two mouthfuls
він узяв трохи курки і з'їв її двома ковтками
he was trembling while eating the food
він тремтів, коли їв їжу
after this he drank a few glasses of wine
після цього він випив кілька келихів вина
growing more courageous he went out of the hall
набравшись сміливості, він вийшов із залу
and he crossed through several grand halls
і він пройшов через кілька великих залів
he walked through the palace until he came into a chamber
він пройшов через палац, поки не зайшов у кімнату
a chamber which had an exceeding good bed in it
кімната, в якій було надзвичайно добре ліжко
he was very much fatigued from his ordeal

він був дуже втомлений від своїх випробувань
and the time was already past midnight
а час був уже за північ
so he decided it was best to shut the door
тому він вирішив, що краще зачинити двері
and he concluded he should go to bed
і він вирішив, що йому слід лягти спати
It was ten in the morning when the merchant woke up
Була десята ранку, коли купець прокинувся
just as he was going to rise he saw something
коли він збирався встати, він щось побачив
he was astonished to see a clean set of clothes
він був здивований, побачивши чистий комплект одягу
in the place where he had left his dirty clothes
в тому місці, де він залишив свій брудний одяг
"certainly this palace belongs to some kind fairy"
"Цей палац, звичайно, належить якійсь феї"
"a fairy who has seen and pitied me"
" фея , яка побачила і пожаліла мене"
he looked through a window
він дивився у вікно
but instead of snow he saw the most delightful garden
але замість снігу він побачив найпрекрасніший сад
and in the garden were the most beautiful roses
а в саду були найгарніші троянди
he then returned to the great hall
потім він повернувся до великої зали
the hall where he had had soup the night before
зал, де він їв суп напередодні ввечері
and he found some chocolate on a little table
і він знайшов трохи шоколаду на столику
"Thank you, good Madam Fairy," he said aloud
— Дякую, добра пані Фея, — сказав він уголос
"thank you for being so caring"
"дякую за таку турботу"
"I am extremely obliged to you for all your favours"

«Я дуже вдячний вам за всі ваші послуги»
the kind man drank his chocolate
добрий чоловік випив свій шоколад
and then he went to look for his horse
а потім пішов шукати свого коня
but in the garden he remembered Beauty's request
але в саду він згадав прохання красуні
and he cut off a branch of roses
і він зрізав гілку троянд
immediately he heard a great noise
відразу почув він великий шум
and he saw a terribly frightful Beast
і побачив він жахливого звіра
he was so scared that he was ready to faint
він так злякався, що ладен був знепритомніти
"You are very ungrateful," said the Beast to him
— Ти дуже невдячний, — сказав йому звір
and the Beast spoke in a terrible voice
і заговорив звір страшним голосом
"I have saved your life by allowing you into my castle"
«Я врятував тобі життя, дозволивши тобі у свій замок»
"and for this you steal my roses in return?"
"і за це ти крадеш мої троянди взамін?"
"The roses which I value beyond anything"
«Троянди, які я ціную понад усе»
"but you shall die for what you've done"
"але ти помреш за те, що ти зробив"
"I give you but a quarter of an hour to prepare yourself"
«Я даю тобі лише чверть години, щоб підготуватися»
"get yourself ready for death and say your prayers"
"готуйся до смерті і помолись"
the merchant fell on his knees
купець упав на коліна
and he lifted up both his hands
і він підняв обидві руки
"My lord, I beseech you to forgive me"

«Мій пане, я благаю вас пробачити мене»
"I had no intention of offending you"
«Я не мав наміру вас образити»
"I gathered a rose for one of my daughters"
«Я зібрав троянду для однієї зі своїх дочок»
"she asked me to bring her a rose"
"вона попросила мене принести їй троянду"
"I am not your lord, but I am a Beast," replied the monster
«Я не твій володар, але я звір», — відповів чудовисько
"I don't love compliments"
«Я не люблю компліментів»
"I like people who speak as they think"
«Мені подобаються люди, які говорять так, як думають»
"do not imagine I can be moved by flattery"
"не думай, що мене можуть зворушити лестощі"
"But you say you have got daughters"
«Але ви кажете, що у вас є дочки»
"I will forgive you on one condition"
«Я пробачу тебе за однієї умови»
"one of your daughters must come to my palace willingly"
«одна з ваших дочок має добровільно прийти до мого палацу»
"and she must suffer for you"
"і вона повинна страждати за вас"
"Let me have your word"
"Дайте мені слово"
"and then you can go about your business"
"а потім можете займатися своїми справами"
"Promise me this:"
«Пообіцяй мені це:»
"if your daughter refuses to die for you, you must return within three months"
«Якщо ваша дочка відмовляється померти за вас, ви повинні повернутися протягом трьох місяців»
the merchant had no intentions to sacrifice his daughters
купець не мав наміру приносити в жертву своїх дочок

but, since he was given time, he wanted to see his daughters once more
але, оскільки йому дали час, він хотів ще раз побачити своїх дочок
so he promised he would return
тому він пообіцяв, що повернеться
and the Beast told him he might set out when he pleased
і звір сказав йому, що він може вирушити, коли забажає
and the Beast told him one more thing
і звір сказав йому ще одну річ
"you shall not depart empty handed"
"не підеш з порожніми руками"
"go back to the room where you lay"
"повертайся до кімнати, де ти лежав"
"you will see a great empty treasure chest"
"Ви побачите велику порожню скриню зі скарбами"
"fill the treasure chest with whatever you like best"
"наповни скриню зі скарбами тим, що тобі найбільше подобається"
"and I will send the treasure chest to your home"
"і я відправлю скриню зі скарбами до вас додому"
and at the same time the Beast withdrew
і в той же час звір відступив
"Well," said the good man to himself
«Ну що ж, — сказав собі молодець
"if I must die, I shall at least leave something to my children"
«Якщо мені доведеться померти, я принаймні щось залишу своїм дітям»
so he returned to the bedchamber
тому він повернувся до спальні
and he found a great many pieces of gold
і він знайшов дуже багато шматків золота
he filled the treasure chest the Beast had mentioned
він наповнив скриню зі скарбами, про яку згадував звір
and he took his horse out of the stable

і він вивів свого коня зі стайні
the joy he felt when entering the palace was now equal to the grief he felt leaving it
радість, яку він відчував, увійшовши до палацу, тепер була рівна горю, яке він відчував, покидаючи його
the horse took one of the roads of the forest
кінь пішов однією з лісових доріг
and in a few hours the good man was home
і за кілька годин молодець був удома
his children came to him
до нього приходили його діти
but instead of receiving their embraces with pleasure, he looked at them
але замість того, щоб із задоволенням прийняти їхні обійми, він дивився на них
he held up the branch he had in his hands
він підняв гілку, яку мав у руках
and then he burst into tears
а потім розплакався
"Beauty," he said, "please take these roses"
«Красуня, — сказав він, — будь ласка, візьми ці троянди»
"you can't know how costly these roses have been"
"Ви не можете знати, як дорого коштували ці троянди"
"these roses have cost your father his life"
"ці троянди коштували вашому батькові життя"
and then he told of his fatal adventure
а потім розповів про свою фатальну пригоду
immediately the two eldest sisters cried out
одразу закричали дві старші сестри
and they said many mean things to their beautiful sister
і вони сказали багато поганих речей своїй прекрасній сестрі
but Beauty did not cry at all
але красуня зовсім не плакала
"Look at the pride of that little wretch," said they
«Погляньте на гордість цього маленького негідника», —

сказали вони
"she did not ask for fine clothes"
"вона не просила гарний одяг"
"she should have done what we did"
"вона повинна була зробити те, що ми зробили"
"she wanted to distinguish herself"
"вона хотіла виділитися"
"so now she will be the death of our father"
"тож тепер вона буде смертю нашого батька"
"and yet she does not shed a tear"
"а вона не ронить сльози"
"Why should I cry?" answered Beauty
— Чого мені плакати? — відповіла красуня
"crying would be very needless"
"плакати було б дуже марно"
"my father will not suffer for me"
"мій батько не буде страждати за мене"
"the monster will accept of one of his daughters"
"монстр прийме одну зі своїх дочок"
"I will offer myself up to all his fury"
«Я запропоную себе всій його люті»
"I am very happy, because my death will save my father's life"
«Я дуже щасливий, тому що моя смерть врятує життя моєму батькові»
"my death will be a proof of my love"
"моя смерть буде доказом мого кохання"
"No, sister," said her three brothers
— Ні, сестро, — сказали троє її братів
"that shall not be"
"цього не буде"
"we will go find the monster"
"ми підемо шукати монстра"
"and either we will kill him..."
«І або ми його вб'ємо...»
"... or we will perish in the attempt"

«...або ми загинемо при спробі»
"Do not imagine any such thing, my sons," said the merchant
«Не уявляйте собі нічого подібного, сини мої», — сказав купець
"the Beast's power is so great that I have no hope you could overcome him"
«Сила звіра настільки велика, що я не сподіваюся, що ти зможеш його подолати»
"I am charmed with Beauty's kind and generous offer"
«Я зачарований доброю та щедрою пропозицією красуні»
"but I cannot accept to her generosity"
"але я не можу прийняти її щедрість"
"I am old, and I don't have long to live"
«Я старий, і жити мені залишилося недовго»
"so I can only loose a few years"
"тому я можу втратити лише кілька років"
"time which I regret for you, my dear children"
«час, про який я шкодую для вас, мої любі діти»
"But father," said Beauty
«Але тато», — сказала красуня
"you shall not go to the palace without me"
«без мене ти не підеш до палацу»
"you cannot stop me from following you"
"ти не можеш заборонити мені стежити за тобою"
nothing could convince Beauty otherwise
ніщо не могло переконати красу в іншому
she insisted on going to the fine palace
вона наполягала на тому, щоб піти до прекрасного палацу
and her sisters were delighted at her insistence
і її сестри були в захваті від її наполягань
The merchant was worried at the thought of losing his daughter
Купець був стурбований думкою про втрату дочки
he was so worried that he had forgotten about the chest full of gold
він так хвилювався, що забув про скриню, повну золота

at night he retired to rest, and he shut his chamber door
вночі він пішов відпочити і зачинив двері своєї кімнати
then, to his great astonishment, he found the treasure by his bedside
потім, на свій превеликий подив, він знайшов скарб біля свого ліжка
he was determined not to tell his children
він вирішив не розповідати своїм дітям
if they knew, they would have wanted to return to town
якби вони знали, то хотіли б повернутися до міста
and he was resolved not to leave the countryside
і він вирішив не покидати села
but he trusted Beauty with the secret
але він довірив красі таємницю
she informed him that two gentlemen had came
вона сповістила його, що прийшли двоє панів
and they made proposals to her sisters
і вони зробили пропозиції її сестрам
she begged her father to consent to their marriage
вона благала батька дати згоду на їхній шлюб
and she asked him to give them some of his fortune
і вона попросила його віддати їм частину свого стану
she had already forgiven them
вона вже їх пробачила
the wicked creatures rubbed their eyes with onions
нечисті створіння натирали очі цибулею
to force some tears when they parted with their sister
змусити сльози, коли розлучалися з сестрою
but her brothers really were concerned
але її брати справді були стурбовані
Beauty was the only one who did not shed any tears
красуня єдина не пролила жодної сльози
she did not want to increase their uneasiness
вона не хотіла посилювати їхній неспокій
the horse took the direct road to the palace
кінь пішов прямою дорогою до палацу

and towards evening they saw the illuminated palace
а ближче до вечора вони побачили освітлений палац
the horse took himself into the stable again
кінь знову забрався в стайню
and the good man and his daughter went into the great hall
і добрий чоловік з дочкою пішли до великої зали
here they found a table splendidly served up
тут вони знайшли чудово сервірований стіл
the merchant had no appetite to eat
у купця не було апетиту їсти
but Beauty endeavoured to appear cheerful
але красуня намагалася виглядати веселою
she sat down at the table and helped her father
вона сіла за стіл і допомогла батькові
but she also thought to herself:
але вона також думала про себе:
"Beast surely wants to fatten me before he eats me"
"звір напевно хоче мене відгодувати, перш ніж з'їсти"
"that is why he provides such plentiful entertainment"
"саме тому він надає такі рясні розваги"
after they had eaten they heard a great noise
після того як вони поїли, вони почули великий шум
and the merchant bid his unfortunate child farewell, with tears in his eyes
і купець зі сльозами на очах прощався зі своєю нещасною дитиною
because he knew the Beast was coming
бо він знав, що звір іде
Beauty was terrified at his horrid form
Красуня жахнулася його жахливої форми
but she took courage as well as she could
але вона набралася мужності, як могла
and the monster asked her if she came willingly
і чудовисько запитало її, чи охоче вона прийшла
"yes, I have come willingly," she said trembling
«Так, я прийшла охоче», — тремтячи, сказала вона

the Beast responded, "You are very good"
звір відповів: "Ти дуже хороший"
"and I am greatly obliged to you; honest man"
"і я вам дуже вдячний; чесна людина"
"go your ways tomorrow morning"
"йди своїм шляхом завтра вранці"
"but never think of coming here again"
"але ніколи не думай приходити сюди знову"
"Farewell Beauty, farewell Beast," he answered
«Прощай красуне, прощай звір», — відповів він
and immediately the monster withdrew
і відразу чудовисько пішло
"Oh, daughter," said the merchant
— Ой, дочко, — сказав купець
and he embraced his daughter once more
і він ще раз обійняв дочку
"I am almost frightened to death"
«Я майже до смерті наляканий»
"believe me, you had better go back"
"повір мені, тобі краще повернутися"
"let me stay here, instead of you"
"дай мені залишитися тут замість тебе"
"No, father," said Beauty, in a resolute tone
— Ні, батьку, — рішуче сказала красуня
"you shall set out tomorrow morning"
"ти вирушиш завтра вранці"
"leave me to the care and protection of providence"
«залиш мене на піклування та захист провидіння»
nonetheless they went to bed
тим не менше вони пішли спати
they thought they would not close their eyes all night
думали цілу ніч ока не зімкнути
but just as they lay down they slept
але як лягли, так і заснули
Beauty dreamed a fine lady came and said to her:
красуні приснилося, що прийшла прекрасна жінка і

сказала їй:
"I am content, Beauty, with your good will"
«Я задоволений, красуне, твоєю доброю волею»
"this good action of yours shall not go unrewarded"
"цей твій добрий вчинок не залишиться без винагороди"
Beauty waked and told her father her dream
Прокинулася красуня і розповіла батькові свій сон
the dream helped to comfort him a little
сон допоміг йому трохи втішитися
but he could not help crying bitterly as he was leaving
але він не міг стримати гіркого плачу, коли йшов
as soon as he was gone, Beauty sat down in the great hall and cried too
як тільки він пішов, красуня сіла у великій залі й теж заплакала
but she resolved not to be uneasy
але вона вирішила не хвилюватися
she decided to be strong for the little time she had left to live
вона вирішила бути сильною за той небагато часу, що їй залишилося жити
because she firmly believed the Beast would eat her
тому що вона твердо вірила, що звір її з'їсть
however, she thought she might as well explore the palace
однак вона подумала, що з таким же успіхом може дослідити палац
and she wanted to view the fine castle
і вона хотіла оглянути прекрасний замок
a castle which she could not help admiring
замок, яким вона не могла не милуватися
it was a delightfully pleasant palace
це був чудово приємний палац
and she was extremely surprised at seeing a door
і вона була надзвичайно здивована, побачивши двері
and over the door was written that it was her room
а над дверима було написано, що це її кімната
she opened the door hastily

вона поспішно відчинила двері
and she was quite dazzled with the magnificence of the room
і вона була дуже вражена пишністю кімнати
what chiefly took up her attention was a large library
головним чином її увагу привернула велика бібліотека
a harpsichord and several music books
клавесин і кілька нотних книжок
"Well," said she to herself
«Ну що ж, — сказала вона сама собі
"I see the Beast will not let my time hang heavy"
"Я бачу, що звір не дасть моєму часу зависнути"
then she reflected to herself about her situation
потім вона розмірковувала про свою ситуацію
"If I was meant to stay a day all this would not be here"
«Якби мені судилося залишитися на день, усього цього тут не було б»
this consideration inspired her with fresh courage
це міркування надихнуло її новою мужністю
and she took a book from her new library
і вона взяла книгу зі своєї нової бібліотеки
and she read these words in golden letters:
і вона прочитала ці слова золотими літерами:
"Welcome Beauty, banish fear"
«Ласкаво просимо красуне, вижени страх»
"You are queen and mistress here"
«Ти тут королева і володарка»
"Speak your wishes, speak your will"
«Говори свої бажання, говори свою волю»
"Swift obedience meets your wishes here"
"Швидка слухняність тут відповідає вашим бажанням"
"Alas," said she, with a sigh
— На жаль, — сказала вона, зітхнувши
"Most of all I wish to see my poor father"
«Найбільше я хочу побачити мого бідного батька»
"and I would like to know what he is doing"

"і я хотів би знати, що він робить"
As soon as she had said this she noticed the mirror
Сказавши це, вона помітила дзеркало
to her great amazement she saw her own home in the mirror
на свій превеликий подив вона побачила в дзеркалі свій власний дім
her father arrived emotionally exhausted
її батько прийшов емоційно виснажений
her sisters went to meet him
її сестри пішли йому назустріч
despite their attempts to appear sorrowful, their joy was visible
незважаючи на їхні спроби здаватися сумними, їхня радість була помітна
a moment later everything disappeared
через мить усе зникло
and Beauty's apprehensions disappeared too
і побоювання красуні теж зникли
for she knew she could trust the Beast
бо вона знала, що може довіряти звірові
At noon she found dinner ready
Опівдні вона знайшла вечерю готовою
she sat herself down at the table
вона сама сіла за стіл
and she was entertained with a concert of music
і її розважали музичним концертом
although she couldn't see anybody
хоча вона нікого не бачила
at night she sat down for supper again
вночі знову сіла вечеряти
this time she heard the noise the Beast made
цього разу вона почула шум, який видав звір
and she could not help being terrified
і вона не могла не налякатися
"Beauty," said the monster
«Красуня», - сказав монстр

"do you allow me to eat with you?"
"Ви дозволяєте мені поїсти з вами?"
"do as you please," Beauty answered trembling
— Роби, як хочеш, — тремтячи, відповіла красуня
"No," replied the Beast
— Ні, — відповів звір
"you alone are mistress here"
"Ти одна господиня тут"
"you can send me away if I'm troublesome"
"Ви можете відіслати мене, якщо я буду неприємний"
"send me away and I will immediately withdraw"
"відпусти мене, і я негайно відійду"
"But, tell me; do you not think I am very ugly?"
«Але скажи мені, ти не вважаєш мене дуже потворним?»
"That is true," said Beauty
— Це правда, — сказала красуня
"I cannot tell a lie"
«Я не можу говорити неправду»
"but I believe you are very good natured"
"але я вірю, що ти дуже добродушний"
"I am indeed," said the monster
— Справді, — сказав чудовисько
"But apart from my ugliness, I also have no sense"
«Але, окрім моєї потворності, я також не маю розуму»
"I know very well that I am a silly creature"
«Я добре знаю, що я дурна істота»
"It is no sign of folly to think so," replied Beauty
«Це не є ознакою дурості так думати», — відповіла красуня
"Eat then, Beauty," said the monster
— Тоді їж, красуне, — сказала потвора
"try to amuse yourself in your palace"
"спробуйте розважитися у своєму палаці"
"everything here is yours"
"все тут твоє"
"and I would be very uneasy if you were not happy"
"і мені було б дуже незручно, якби ти не був щасливий"

"You are very obliging," answered Beauty
«Ви дуже люб'язні», - відповіла красуня
"I admit I am pleased with your kindness"
«Зізнаюся, я задоволений вашою добротою»
"and when I consider your kindness, I hardly notice your deformities"
«і коли я розглядаю вашу доброту, я майже не помічаю ваших пороків»
"Yes, yes," said the Beast, "my heart is good
«Так, так, — сказав звір, — моє серце добре
"but although I am good, I am still a monster"
"але хоча я хороший, я все одно чудовисько"
"There are many men that deserve that name more than you"
"Є багато чоловіків, які заслуговують на це ім'я більше, ніж ти"
"and I prefer you just as you are"
"і я віддаю перевагу тобі таким, який ти є"
"and I prefer you more than those who hide an ungrateful heart"
"і я віддаю перевагу тобі більше, ніж тим, хто приховує невдячне серце"
"if only I had some sense," replied the Beast
«Якби я мав трохи розуму», — відповів звір
"if I had sense I would make a fine compliment to thank you"
«Якби я був розумним, то зробив би гарний комплімент на подяку»
"but I am so dull"
"але я такий нудний"
"I can only say I am greatly obliged to you"
«Можу тільки сказати, що я вам дуже вдячний»
Beauty ate a hearty supper
красуня ситно повечеряла
and she had almost conquered her dread of the monster
і вона майже подолала свій страх перед монстром
but she wanted to faint when the Beast asked her the next

question
але вона хотіла знепритомніти, коли звір поставив їй наступне запитання
"Beauty, will you be my wife?"
"Красуня, ти станеш моєю дружиною?"
she took some time before she could answer
їй знадобився деякий час, перш ніж вона змогла відповісти
because she was afraid of making him angry
бо боялася його розлютити
at last, however, she said "no, Beast"
нарешті, однак, вона сказала "ні, звір"
immediately the poor monster hissed very frightfully
одразу жахливо зашипіла бідна потвора
and the whole palace echoed
і весь палац перегукувався
but Beauty soon recovered from her fright
але красуня скоро оговталася від переляку
because Beast spoke again in a mournful voice
бо звір знову заговорив жалібним голосом
"then farewell, Beauty"
"тоді прощай, красуне"
and he only turned back now and then
і він тільки час від часу повертався назад
to look at her as he went out
дивитися на неї, коли він виходить
now Beauty was alone again
тепер красуня знову залишилася одна
she felt a great deal of compassion
вона відчула велике співчуття
"Alas, it is a thousand pities"
«На жаль, це тисяча жаль»
"anything so good natured should not be so ugly"
"все, що має такий добрий характер, не повинно бути таким потворним"
Beauty spent three months very contentedly in the palace
Три місяці красуня дуже задоволена провела в палаці

every evening the Beast paid her a visit
щовечора звір відвідував її
and they talked during supper
і вони розмовляли під час вечері
they talked with common sense
вони говорили зі здоровим глуздом
but they didn't talk with what people call wittiness
але вони не говорили з тим, що люди називають дотепністю
Beauty always discovered some valuable character in the Beast
Краса завжди відкривала в звірі якийсь цінний характер
and she had gotten used to his deformity
і вона звикла до його деформації
she didn't dread the time of his visit anymore
вона більше не боялася часу його візиту
now she often looked at her watch
тепер вона часто дивилася на годинник
and she couldn't wait for it to be nine o'clock
і вона не могла дочекатися, коли буде дев'ята година
because the Beast never missed coming at that hour
тому що звір ніколи не пропускав прийти в ту годину
there was only one thing that concerned Beauty
було лише одне, що стосувалося краси
every night before she went to bed the Beast asked her the same question
кожного вечора перед тим, як вона лягла спати, звір ставив їй те саме запитання
the monster asked her if she would be his wife
монстр запитав її, чи стане вона його дружиною
one day she said to him, "Beast, you make me very uneasy"
одного разу вона сказала йому: "Звірюко, ти мене дуже тривожиш"
"I wish I could consent to marry you"
«Я б хотів дати згоду вийти за тебе заміж»
"but I am too sincere to make you believe I would marry

you"
"але я надто щирий, щоб змусити тебе повірити, що я б одружився з тобою"
"our marriage will never happen"
"наш шлюб ніколи не відбудеться"
"I shall always see you as a friend"
«Я завжди буду бачити тебе другом»
"please try to be satisfied with this"
"будь ласка, спробуй бути задоволеним цим"
"I must be satisfied with this," said the Beast
«Я повинен бути задоволений цим», - сказав звір
"I know my own misfortune"
«Я знаю свою біду»
"but I love you with the tenderest affection"
"але я люблю тебе найніжнішою любов'ю "
"However, I ought to consider myself as happy"
«Однак я повинен вважати себе щасливим»
"and I should be happy that you will stay here"
"і я повинен бути щасливий, що ти залишишся тут"
"promise me never to leave me"
"пообіцяй мені ніколи не залишати мене"
Beauty blushed at these words
красуня почервоніла від цих слів
one day Beauty was looking in her mirror
Одного разу красуня дивилась у своє дзеркало
her father had worried himself sick for her
її батько дуже переживав за неї
she longed to see him again more than ever
вона прагнула побачити його знову як ніколи
"I could promise never to leave you entirely"
«Я міг би пообіцяти, що ніколи не покидаю тебе повністю»
"but I have so great a desire to see my father"
"але я дуже хочу побачити свого батька"
"I would be impossibly upset if you say no"
«Я буду неймовірно засмучений, якщо ти скажеш «ні»

"I had rather die myself," said the monster
— Краще б я сам помер, — сказав чудовисько
"I would rather die than make you feel uneasiness"
«Я краще помру, ніж змушу тебе почуватися неспокійно»
"I will send you to your father"
«Я відішлю тебе до твого батька»
"you shall remain with him"
"ти залишишся з ним"
"and this unfortunate Beast will die with grief instead"
"а цей нещасний звір замість цього помре з горя"
"No," said Beauty, weeping
— Ні, — сказала красуня, плачучи
"I love you too much to be the cause of your death"
«Я люблю тебе занадто сильно, щоб стати причиною твоєї смерті»
"I give you my promise to return in a week"
«Я обіцяю тобі повернутися через тиждень»
"You have shown me that my sisters are married"
«Ви показали мені, що мої сестри вийшли заміж»
"and my brothers have gone to the army"
"а мої брати пішли в армію"
"let me stay a week with my father, as he is alone"
«дай мені тиждень побути з батьком, бо він один»
"You shall be there tomorrow morning," said the Beast
— Ти будеш там завтра вранці, — сказав звір
"but remember your promise"
"але пам'ятай свою обіцянку"
"You need only lay your ring on a table before you go to bed"
«Вам потрібно лише покласти каблучку на стіл перед тим, як лягти спати»
"and then you will be brought back before the morning"
"і тоді вас повернуть до ранку"
"Farewell dear Beauty," sighed the Beast
— Прощавай, люба красуне, — зітхнув звір
Beauty went to bed very sad that night

Того вечора красуня дуже засмучена лягла спати
because she didn't want to see Beast so worried
тому що вона не хотіла бачити звіра таким стурбованим
the next morning she found herself at her father's home
наступного ранку вона опинилася вдома в батька
she rung a little bell by her bedside
вона подзвонила в дзвіночок біля свого ліжка
and the maid gave a loud shriek
і служниця голосно скрикнула
and her father ran upstairs
і її батько побіг нагору
he thought he was going to die with joy
він думав, що помре від радості
he held her in his arms for quarter of an hour
він тримав її на руках чверть години
eventually the first greetings were over
нарешті перші привітання закінчилися
Beauty began to think of getting out of bed
красуня почала думати встати з ліжка
but she realized she had brought no clothes
але вона зрозуміла, що не принесла одягу
but the maid told her she had found a box
але покоївка сказала їй, що знайшла коробку
the large trunk was full of gowns and dresses
велика скриня була повна халатів і суконь
each gown was covered with gold and diamonds
кожна сукня була вкрита золотом і діамантами
Beauty thanked Beast for his kind care
Красуня подякувала звіра за його добру турботу
and she took one of the plainest of the dresses
і вона взяла одну з найпростіших суконь
she intended to give the other dresses to her sisters
інші сукні вона мала намір віддати своїм сестрам
but at that thought the chest of clothes disappeared
але при цій думці скриня з одягом зникла
Beast had insisted the clothes were for her only

звір наполягав, що одяг призначений лише для неї
her father told her that this was the case
її батько сказав їй, що це так
and immediately the trunk of clothes came back again
і негайно скриня з одягом повернулася назад
Beauty dressed herself with her new clothes
красуня одяглася в новий одяг
and in the meantime maids went to find her sisters
а тим часом служниці пішли шукати її сестер
both her sister were with their husbands
обидві її сестри були зі своїми чоловіками
but both her sisters were very unhappy
але обидві її сестри були дуже нещасні
her eldest sister had married a very handsome gentleman
її старша сестра вийшла заміж за дуже гарного джентльмена
but he was so fond of himself that he neglected his wife
але він так любив себе, що знехтував своєю дружиною
her second sister had married a witty man
її друга сестра вийшла заміж за дотепного чоловіка
but he used his wittiness to torment people
але він використовував свою дотепність, щоб мучити людей
and he tormented his wife most of all
а найбільше він мучив свою дружину
Beauty's sisters saw her dressed like a princess
сестри красуні бачили її одягненою, як принцеса
and they were sickened with envy
і вони були хворі на заздрість
now she was more beautiful than ever
тепер вона була прекрасніша, ніж будь-коли
her affectionate behaviour could not stifle their jealousy
її ніжна поведінка не могла придушити їхні ревнощі
she told them how happy she was with the Beast
вона розповіла їм, як вона щаслива зі звіром
and their jealousy was ready to burst

і їхні ревнощі були готові вибухнути
They went down into the garden to cry about their misfortune
Спустилися вони в сад плакати про свою біду
"In what way is this little creature better than us?"
«Чим ця маленька істота краща за нас?»
"Why should she be so much happier?"
«Чому вона має бути такою щасливішою?»
"Sister," said the older sister
— Сестро, — сказала старша сестра
"a thought just struck my mind"
"мені в голову спала одна думка"
"let us try to keep her here for more than a week"
"давайте спробуємо протримати її тут більше тижня"
"perhaps this will enrage the silly monster"
"можливо, це розлютить дурного монстра"
"because she would have broken her word"
"тому що вона порушила б своє слово"
"and then he might devour her"
"і тоді він може зжерти її"
"that's a great idea," answered the other sister
«Це чудова ідея», — відповіла інша сестра
"we must show her as much kindness as possible"
"ми повинні проявити до неї якомога більше доброти"
the sisters made this their resolution
сестри прийняли це рішення
and they behaved very affectionately to their sister
і вони дуже ніжно ставилися до своєї сестри
poor Beauty wept for joy from all their kindness
бідна красуня плакала від радості від усієї їхньої доброти
when the week was expired, they cried and tore their hair
коли тиждень минув, вони плакали і рвали на собі волосся
they seemed so sorry to part with her
їм, здавалося, було так шкода розлучатися з нею
and Beauty promised to stay a week longer
і красуня пообіцяла залишитися ще на тиждень

In the meantime, Beauty could not help reflecting on herself
А поки красуня не могла не задуматися про себе
she worried what she was doing to poor Beast
вона хвилювалася, що робила з бідним звіром
she know that she sincerely loved him
вона знає, що щиро кохала його
and she really longed to see him again
і їй дуже хотілося побачити його знову
the tenth night she spent at her father's too
десяту ніч вона теж провела в батька
she dreamed she was in the palace garden
їй наснилося, що вона була в саду палацу
and she dreamt she saw the Beast extended on the grass
і їй приснилося, що вона побачила звіра, що розтягнувся на траві
he seemed to reproach her in a dying voice
— ніби передсмертним голосом дорікав їй
and he accused her of ingratitude
і він звинуватив її в невдячності
Beauty woke up from her sleep
красуня прокинулася зі сну
and she burst into tears
і вона розплакалася
"Am I not very wicked?"
— Хіба я не дуже зла?
"Was it not cruel of me to act so unkindly to the Beast?"
— Хіба не жорстоко з мого боку поводитися так недоброзичливо зі звіром?
"Beast did everything to please me"
"звір робив усе, щоб догодити мені"
"Is it his fault that he is so ugly?"
— Це він винен, що такий потворний?
"Is it his fault that he has so little wit?"
— Це він винен, що в нього так мало розуму?
"He is kind and good, and that is sufficient"
«Він добрий і добрий, і цього достатньо»

"Why did I refuse to marry him?"
— Чому я відмовилася вийти за нього заміж?
"I should be happy with the monster"
"Я повинен бути щасливий з монстром"
"look at the husbands of my sisters"
"Подивіться на чоловіків моїх сестер"
"neither wittiness, nor a being handsome makes them good"
"ні дотепність, ні краса не роблять їх хорошими"
"neither of their husbands makes them happy"
"жоден з їхніх чоловіків не робить їх щасливими"
"but virtue, sweetness of temper, and patience"
«але чеснота, лагідність і терпеливість»
"these things make a woman happy"
"ці речі роблять жінку щасливою"
"and the Beast has all these valuable qualities"
"і звір має всі ці цінні якості"
"it is true; I do not feel the tenderness of affection for him"
«Це правда; я не відчуваю ніжності прихильності до нього»
"but I find I have the highest gratitude for him"
"але я вважаю, що маю йому найбільшу вдячність"
"and I have the highest esteem of him"
"і я дуже його поважаю"
"and he is my best friend"
"і він мій найкращий друг"
"I will not make him miserable"
«Я не зроблю його нещасним»
"If were I to be so ungrateful I would never forgive myself"
«Якби я був таким невдячним, я б ніколи собі не пробачив»
Beauty put her ring on the table
красуня поклала перстень на стіл
and she went to bed again
і вона знову лягла спати
scarce was she in bed before she fell asleep
Ледве вона була в ліжку, перш ніж заснула
she woke up again the next morning

наступного ранку вона знову прокинулася
and she was overjoyed to find herself in the Beast's palace
і вона дуже зраділа, опинившись у палаці звіра
she put on one of her nicest dress to please him
вона одягла одну зі своїх найкращих суконь, щоб догодити йому
and she patiently waited for evening
і вона терпляче чекала вечора
at last the wished-for hour came
настала бажана година
the clock struck nine, yet no Beast appeared
годинник пробив дев'яту, але звір не з'явився
Beauty then feared she had been the cause of his death
Тоді красуня боялася, що вона стала причиною його смерті
she ran crying all around the palace
вона бігала з плачем по всьому палацу
after having sought for him everywhere, she remembered her dream
після того, як шукала його всюди, вона згадала свій сон
and she ran to the canal in the garden
і вона побігла до каналу в саду
there she found poor Beast stretched out
там вона знайшла бідолаху розтягнутою
and she was sure she had killed him
і вона була впевнена, що вбила його
she threw herself upon him without any dread
вона без жодного страху кинулася на нього
his heart was still beating
його серце все ще билося
she fetched some water from the canal
вона набрала води з каналу
and she poured the water on his head
і вона вилила йому воду на голову
the Beast opened his eyes and spoke to Beauty
звір відкрив очі і промовив до красуні

"You forgot your promise"
«Ти забув свою обіцянку»
"I was so heartbroken to have lost you"
«Я був так розбитий серцем, що втратив тебе»
"I resolved to starve myself"
«Я вирішив померти себе голодом»
"but I have the happiness of seeing you once more"
"але я маю щастя бачити вас ще раз"
"so I have the pleasure of dying satisfied"
"тому я маю задоволення померти задоволеним"
"No, dear Beast," said Beauty, "you must not die"
«Ні, звірюко, — сказала красуня, — ти не повинен померти».
"Live to be my husband"
«Живи, щоб бути моїм чоловіком»
"from this moment I give you my hand"
"з цього моменту я подаю тобі руку"
"and I swear to be none but yours"
"і я клянусь бути тільки твоїм"
"Alas! I thought I had only a friendship for you"
«На жаль! Я думав, що маю для тебе тільки дружбу»
"but the grief I now feel convinces me;"
«але горе, яке я зараз відчуваю, переконує мене»;
"I cannot live without you"
«Я не можу жити без тебе»
Beauty scarce had said these words when she saw a light
ледь красуня сказала ці слова, коли побачила світло
the palace sparkled with light
палац виблискував світлом
fireworks lit up the sky
небо осяяв феєрверк
and the air filled with music
і повітря наповнене музикою
everything gave notice of some great event
все сповіщало про якусь велику подію
but nothing could hold her attention

але ніщо не могло привернути її увагу
she turned to her dear Beast
— звернулася вона до свого милого звіра
the Beast for whom she trembled with fear
звір, за якого вона тремтіла від страху
but her surprise was great at what she saw!
але її здивування було великим!
the Beast had disappeared
звір зник
instead she saw the loveliest prince
натомість вона побачила найпрекраснішого принца
she had put an end to the spell
вона поклала край чарам
a spell under which he resembled a Beast
чари, під якими він нагадував звіра
this prince was worthy of all her attention
цей принц був вартий усієї її уваги
but she could not help but ask where the Beast was
але вона не могла не запитати, де звір
"You see him at your feet," said the prince
— Бачиш його біля своїх ніг, — сказав князь
"A wicked fairy had condemned me"
«Зла фея засудила мене»
"I was to remain in that shape until a beautiful princess agreed to marry me"
«Я мав залишатися в такому стані, доки прекрасна принцеса не погодиться вийти за мене заміж»
"the fairy hid my understanding"
"фея приховала моє розуміння"
"you were the only one generous enough to be charmed by the goodness of my temper"
"Ти був єдиним достатньо щедрим, щоб бути зачарованим добротою моєї вдачі"
Beauty was happily surprised
— радісно здивувалася красуня
and she gave the charming prince her hand

і подала чарівному принцу руку
they went together into the castle
вони разом пішли в замок
and Beauty was overjoyed to find her father in the castle
і красуня дуже зраділа, знайшовши свого батька в замку
and her whole family were there too
і вся її родина також була там
even the beautiful lady that appeared in her dream was there
навіть прекрасна жінка, яка з'явилася в її сні, була там
"Beauty," said the lady from the dream
«Красуня», - сказала жінка зі сну
"come and receive your reward"
"приходь і отримай свою винагороду"
"you have preferred virtue over wit or looks"
"ви віддаєте перевагу чесноті над розумом чи зовнішністю"
"and you deserve someone in whom these qualities are united"
"і ти заслуговуєш на когось, в якому ці якості об'єднані"
"you are going to be a great queen"
"ти будеш великою королевою"
"I hope the throne will not lessen your virtue"
«Сподіваюся, трон не зменшить вашої чесноти»
then the fairy turned to the two sisters
тоді фея звернулася до двох сестер
"I have seen inside your hearts"
«Я бачив у ваших серцях»
"and I know all the malice your hearts contain"
"і я знаю всю злобу у ваших серцях"
"you two will become statues"
"Ви двоє станете статуями"
"but you will keep your minds"
"але ви збережете свій розум"
"you shall stand at the gates of your sister's palace"
«ти будеш стояти біля воріт палацу твоєї сестри»
"your sister's happiness shall be your punishment"
"Щастя твоєї сестри буде тобі покаранням"

"you won't be able to return to your former states"
"ти не зможеш повернутися в колишні стани"
"unless, you both admit your faults"
"Якщо ви обоє не визнаєте свої провини"
"but I am foresee that you will always remain statues"
"але я передбачаю, що ви завжди залишатиметеся статуями"
"pride, anger, gluttony, and idleness are sometimes conquered"
«Гордість, гнів, ненажерливість і неробство іноді перемагаються»
"but the conversion of envious and malicious minds are miracles"
" але навернення заздрісників і злих розумів - це чудеса"
immediately the fairy gave a stroke with her wand
миттєво фея вдарила паличкою
and in a moment all that were in the hall were transported
і за мить усіх, хто був у залі, розвезли
they had gone into the prince's dominions
вони пішли в княжі володіння
the prince's subjects received him with joy
піддані князя прийняли його з радістю
the priest married Beauty and the Beast
священик одружив красуню і чудовисько
and he lived with her many years
і він прожив з нею багато років
and their happiness was complete
і їхнє щястя було повним
because their happiness was founded on virtue
тому що їхнє щястя було засноване на чесноті

The End
Кінець

www.tranzlaty.com

www.ingramcontent.com/pod-product-compliance
Lightning Source LLC
Chambersburg PA
CBHW012013090526
44590CB00026B/3987